RAYMOND KŒCHLIN

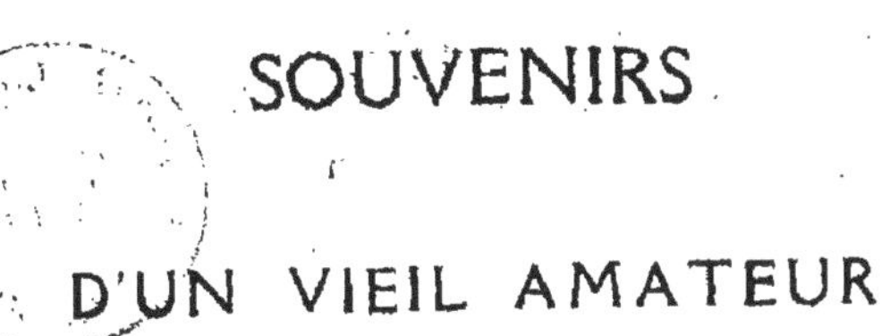

SOUVENIRS D'UN VIEIL AMATEUR D'ART DE L'EXTRÊME-ORIENT

CHALON-SUR-SAONE
IMPRIMERIE FRANÇAISE ET ORIENTALE E. BERTRAND

1930

SOUVENIRS

D'UN VIEIL AMATEUR

d'Art de l'Extrême-Orient

Tiré à 220 exemplaires non mis dans le commerce

RAYMOND KŒCHLIN

SOUVENIRS

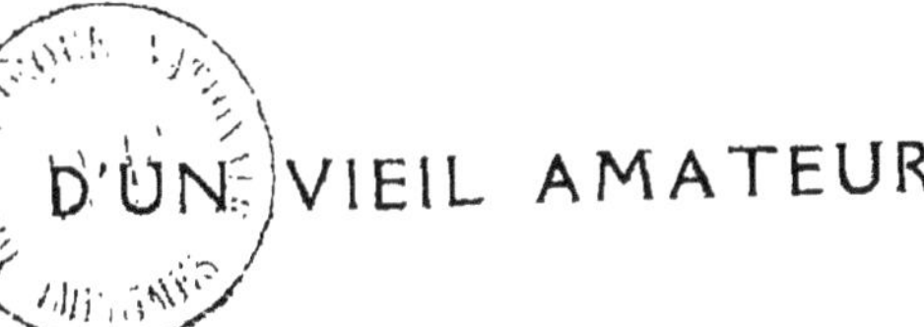

D'UN VIEIL AMATEUR

D'ART DE L'EXTRÊME-ORIENT

CHALON-SUR-SAONE

IMPRIMERIE FRANÇAISE ET ORIENTALE E. BERTRAND

1930

A Gaston Migeon.

I

La Découverte du Japon

Louis Gonse avait songé à écrire ses souvenirs de collectionneur et tous ceux qu'intéresse le renouveau de goût pour l'art de l'Extrême-Orient qui se manifesta à Paris dans le dernier tiers du XIXe siècle, doivent regretter qu'il n'ait pas réalisé ce projet. Nul n'était plus qualifié que lui pour nous donner ce chapitre de l'histoire de la curiosité. S'il n'avait pas été des tout premiers amateurs qui, aux environs de 1860, fréquentèrent les boutiques où commençaient de paraître les bibelots japonais — ce n'était qu'un enfant à cette époque —, il connut dans la suite ces pionniers et partagea leurs enthousiasmes de débutants ; les collectionneurs de la seconde génération, vers 1890, avaient tous été ses amis ou ses élèves, et, homme d'une culture très générale, ayant le premier écrit un ouvrage d'ensemble sur l'art japonais, familier des artistes que cet art avait séduits et qui en avaient fait passer quelque chose dans leurs œuvres, il aurait pu mieux que tout autre raconter la belle histoire de la pénétration du Japon dans les mœurs, dans les goûts et dans l'art parisiens. Puisqu'il ne l'a pas fait, quelques jeunes gens que l'Extrême-Orient continue de charmer demandent à un des survivants des temps héroïques de tenir la plume. Je ne saurais parler de la période de début que je n'ai pas connue, mais ce n'est pas sans plaisir que je retrouverai dans ma mémoire tant de souvenirs sur des hommes que j'ai aimés et sur des choses qui ont passionné ma jeunesse. Qu'on ne cherche d'ailleurs dans ces quelques pages rédigées au courant de la plume que des impressions, sans aucune prétention à la rigoureuse exactitude des dates, sans aucun effort pour être complet ou à plus forte raison pour faire œuvre de critique ; j'essayerai seulement de dire de mon mieux ce que j'ai vu pendant quarante années de vie constante avec des amateurs non moins profondément que moi séduits par l'art qui se découvrait à nos yeux et non moins ardents à s'en approprier les reliques.

S'il est vrai qu'un grand amour débute parfois par l'antipathie, j'étais destiné à devenir japonisant fanatique. En effet, le japonisme commença, si j'ose le dire, par m'horripiler. Je ne m'étais pas laissé prendre aux grâces propagandistes de la *Maison d'un Artiste*, que Goncourt publiait au moment de ma vingtième année (1881), et quand, deux ans plus tard, Ary Renan montra une sélection de ce que les collections japonaises de Paris avaient réuni de plus attrayant, je me refusai net à honorer la Galerie Georges Petit de ma visite. C'était assez sot, je le confesse, et pourtant, à y penser, je comprends aujourd'hui mon dédain et peut-être même l'excusé-je. Certes plusieurs des premiers adeptes du japonisme étaient des amateurs d'un goût particulièrement raffiné. A peine le Japon apparu à l'horizon, Philippe Burty y était venu par réaction contre la banalité de l'art appliqué du second empire; les Goncourt y avaient vu un frère de ce XVIIIe siècle français qu'ils avaient redécouvert; Gonse se réjouissait des nouveautés qu'il apportait, cependant que des artistes comme Bracquemond s'en appropriaient le naturalisme à la fois aigu et décoratif, et qu'un Claude Monet y retrouvait certaines des formules chères à l'impressionnisme naissant ; ils ressentaient profondément l'élégance de ces laques, la fantaisie de ces bronzes aux chaudes patines, l'éclat de couleur et la souplesse de dessin de ces estampes. Seulement les délicats étaient l'exception ; sitôt le grand public entré en contact avec le japonisme, il y avait surtout vu un déballage de paravents, d'éventails et de parasols bariolés, de broderies trop riches, de porcelaines efféminées, de crépons criards, bibelots d'exportation sans valeur d'art qui envahirent peu à peu toutes les demeures et firent de chaque salon une manière de bazar oriental. En vérité, la pauvreté du décor de la vie en cette fâcheuse époque du Maréchal et de M. Grévy explique la vogue de l'exotisme ; sans doute était-ce une réaction nécessaire, voire une utile transition ; il ne m'en déplaisait pas moins, et, sans faire la part du bon et du mauvais, de l'excellent et du pire, j'embrassais tout le Japon dans une même et fort imprudente réprobation. Et peut-être mon cas n'était-il pas isolé.

On a raconté souvent qu'après la révolution de 1868, le Japon s'était vidé de ses trésors ; les incroyables richesses d'art accumulées pendant des siècles par les grands daïmios auraient été pillées, les temples vidés ; tout ce qui avait échappé à la guerre civile se serait évanoui plus tard, quand les modes européennes avaient pénétré le pays, et le bénéficiaire de tout ce branle-bas aurait été l'Europe, où aboutissaient fatalement — l'Amérique n'étant pas encore née à la curiosité — les chefs-d'œuvre sur qui les trafiquants faisaient main basse. Les marchands avaient beau jeu à progager une si belle histoire, puisque personne n'y allait voir, et le plus petit amateur de Paris pouvait se flatter, si le cœur lui en disait, de posséder les dépouilles des illustres seigneurs de l'Extrême-Orient. Il nous faut reconnaître aujourd'hui que c'était là un roman. Bien des chefs-d'œuvre ont assurément péri dans les incendies allumés par la révolution, mais ceux qui subsistèrent, et c'était la majeure partie, demeurèrent au Japon ; les objets pillés y trouvèrent amateurs ; si quelques daïmios ruinés durent vendre, leurs compatriotes surent s'en approprier les trésors, car jamais le goût européen qui sévit un moment ne fit oublier à ces hommes de haute culture leur art traditionnel, et l'Europe ne reçut que ce qu'on voulait bien lui envoyer : ouvrages remarquables parfois, mais bien rarement capitaux, et le plus souvent aimable pacotille sans aucune prétention artistique aux yeux des japonais, quand, commerçants avisés, ils ne la fabriquaient pas spécialement à l'usage des barbares d'Occident. Ceux de ces barbares qui ne se laissaient pas prendre à cet ingénieux manège étaient-ils bien coupables ?

Les importateurs d'objets japonais étaient d'honorables commerçants parisiens, tels Mme Desoye, à l'enseigne de la *Jonque Chinoise*, rue de Rivoli, et les frères Sichel ; Goncourt, reconnaissant des joies qu'il avait éprouvées chez eux, en prône le goût, celui des Sichel surtout, et Gonse ne professait pas à leur égard de moins bons sentiments ; je n'ai jamais été en rapports avec eux, et n'en puis rien dire ; mais, français, ils ne considéraient l'art japonais que du point de vue de leurs clients, français aussi, naturellement, et ce n'était peut-être pas le moyen de le vraiment comprendre. Le hasard qui fait bien les choses devait à la longue changer cela. Quand il fut question de l'exposition de 1878, un certain japonais nommé Wakai, commerçant, mais amateur aussi, songea que l'occasion pourrait être bonne de mettre sous les yeux des collectionneurs européens et d'offrir à leur convoitise des œuvres d'art de qualité supérieure à celle des bibelots qui d'ordinaire passaient les mers ; il organisa une société, constitua un stock et envoya à Paris, pour tâter le terrain, un jeune homme dont il avait reconnu l'intelligence, Tadamasa Hayashi. Hayashi aurait été d'abord ouvrier imprimeur et il n'avait guère reçu d'instruction artistique, mais son tact était extrêmement fin ; son goût se forma vite et il devint par la suite le grand artisan de la transformation du sentiment de l'art japonais en Europe. C'est vers 1876, je crois, qu'il débarqua ; quels furent à Paris ses débuts, je ne sais, et je ne me rappelle pas la section japonaise à l'exposition du Champ de Mars ; mais dès lors il avait su se faire une place et il s'appliquait de son mieux à orienter vers des voies plus saines les amateurs venus à lui. Gonse fut un de ses premiers fidèles, et quand il eut entrepris son histoire de l'art japonais, il n'eut pas de collaborateur plus actif que Hayashi (1880-1883) ; celui-ci lui traduisait les signatures des artistes et, dans les longues soirées de la maison familiale de Cormeilles-en-Parisis, lui fournissait explications et renseignements dont la jeune érudition européenne était encore singulièrement dénuée. De même plus tard Goncourt lui fut redevable des quelques documents qu'il connut sur *Outamaro* et sur *Hokousaï*. En même temps, Hayashi les conseillait dans la formation de leurs collections ; Goncourt, racontait plus tard Hayashi, demeurait inébranlable dans son goût pour les grâces du Japon du XVIIIe siècle, sinon du XIXe ; au contraire Gonse se laissait persuader et sentait un des premiers qu'il y avait autre chose dans l'art japonais que ces jolies mièvreries; il commença dès lors d'en entrevoir la grandeur et c'est Hayashi qui lui vendit, avant que les autres amateurs les comprissent, quelques-unes des nobles pièces qui furent l'honneur de sa collection.

Wakai continuait à fournir Hayashi de morceaux de plus en plus choisis à mesure que se formait le goût des clients, et lui-même retourna plusieurs fois au Japon pour renseigner ceux qui l'approvisionnaient; il en rapporta des objets excellents que d'habiles rabatteurs recherchaient par tout le pays. Dès lors toutefois ce n'était plus chez lui seul qu'on trouvait de vraies œuvres d'art japonaises à Paris; un concurrent lui était né, S. Bing, qui, d'abord simple importateur en gros, avait compris bientôt quel pourrait être son rôle à essayer de la curiosité; plusieurs voyages en Extrême-Orient l'avaient instruit, son goût était d'une singulière finesse et son intelligence merveilleusement déliée. Entre la rue d'Hauteville où demeurait Hayashi et la rue de Provence où Bing ouvrit son magasin, une lutte courtoise s'établit, où jamais les deux rivaux ne se départirent de la plus parfaite urbanité. Aussi bien les nouveaux amateurs étaient-ils devenus assez nombreux pour achalander l'une et l'autre maison. Certains japonisants de la première heure demeurés fidèles à leurs amours n'y fréquentaient guère; ils n'y trouvaient pas leur compte ; mais Burty, Gonse, Goncourt en restaient les hôtes assidus; Edmond Taigny réunissait là une collection de choix, Charles Gillot y faisait ses premières armes, comme Alexis Rouart, et déjà Henri Vever apparaissait, qui depuis..... Tout ce petit monde sentait profondément les beaux objets qui passaient sous ses yeux, et ceux qui s'étaient donné pour mission d'éveiller son goût ne manquaient pas à leur tâche ; peu après l'*Art Japonais* de Gonse, où Hayashi et lui-même avaient collaboré (1883), Bing faisait paraître le *Japon artistique*, périodique admirablement illustré pour l'époque, auquel les hommes les plus compétents donnèrent des articles, et qui était parfaitement fait pour former des amateurs et pour amener au Japon des néophytes.

De ceux-là, hélas ! je n'étais point encore ; ma conversion fut tardive, mais quand l'illumination se fit, elle ne manqua pas d'être éclatante. Confesserai-je comment elle survint ? Bing avait installé en 1890 à l'École des Beaux-Arts une exposition d'estampes japonaises tirées des collections des principaux amateurs ; fidèle à mes préventions, je n'y étais point allé, quand un jour, sortant de mon bureau du *Journal des Débats,* je rencontrai sur le pont des Arts Paul Poujaud, qui me la loua fort ; dans un pèlerinage wagnérien en Allemagne, où Poujaud avait été notre compagnon, j'avais apprécié la justesse de son goût ; il m'engagea instamment à passer quai Malaquais ; sans grande confiance, je m'y rendis.... Ce fut le coup de foudre. Pendant deux heures je m'enthousiasmai devant ces estampes aux brillantes couleurs ; courtisanes, scènes maternelles, paysages, acteurs, j'admirai tout également ; catalogue et livres de références qu'on vendait à l'exposition s'empilèrent dans ma serviette, et ma soirée se passa à les dévorer. Le lendemain, surprise des étranges merveilles que je lui avais décrites, ma femme vint avec moi et son exaltation égala la mienne. Sa famille étant en relations d'amitié avec Gonse, un rendez-vous fut ménagé pour en voir la collection ;

arrivés à 10 heures du matin, nous y étions encore à 7 heures, et il fallut y retourner après dîner, car toutes les estampes n'avaient pas été vues. Émus de tant de zèle, notre hôte ne nous laissa pas partir sans un souvenir ; il me donna deux estampes, en les accompagnant cependant d'un conseil : « Mon ami, me dit-il, dès demain portez-les à l'encadreur et accrochez-les sur votre mur ; si vous les mettez en portefeuille, vous êtes perdu, d'autres viendront. » C'est un portefeuille qui les reçut et je fus perdu en effet : de ce jour date ma vie de collectionneur. Je lui dois quelques-unes de mes plus grandes joies.

Dans mon naïf enivrement, j'imaginais que l'estampe était le grand art du Japon, qu'il n'en avait même guère d'autre, et quand on me disait que cette imagerie populaire était médiocrement prisée là-bas des gens bien élevés, je haussais les épaules en songeant

« Pauvres Japonais ! » A vrai dire, mon cas n'était pas isolé et à ce moment l'attention des amateurs de Japon était uniquement portée sur l'estampe. Où s'était-elle dévoilée d'abord et qui l'avait découverte? On ne l'a jamais bien su. Goncourt a prétendu naturellement avoir acheté les premières arrivées, par hasard, entre 1850 et 1860, mais sans doute se vantait-il ; Cl. Monet était sûrement plus véridique quand il racontait avoir été frappé, dans un voyage en Hollande, au lendemain de la guerre de 1870, par les feuilles volantes qui traînaient, sans considération, dans les magasins des importateurs, et Théodore Duret me dit sa surprise, quand il aperçut un jour dans les docks de Londres ces impressions merveilleuses qui servaient à caler les marchandises dans les caisses. On ne lui en avait jamais montré au cours de son voyage au Japon avec Cernuschi, et tout au plus avait-il aperçu les acteurs gesticulants et les paysages bariolés figurés sur les crépons et dans quelques albums maculés ; mais c'était d'autre chose qu'il s'agissait cette fois, et il avait senti l'œuvre d'art. Bien vraisemblablement, Goncourt, Monet ou Duret ne furent pas les seuls héros de cette belle aventure ; avant eux, Millet et Rousseau avaient connu l'estampe japonaise, et elle ne pouvait manquer d'arriver en Europe ; il est intéressant toutefois qu'un critique d'avant-garde et le créateur de l'impressionnisme se trouvent mêlés à l'introduction de ces feuilles qui devaient prendre une si heureuse influence sur la peinture française de la fin du XIXe siècle. Quoi qu'il en soit, Hayashi et Bing étaient de trop avisés commerçants pour ne pas profiter de l'aubaine et ils s'étaient faits les zélés propagateurs du nouveau culte.

Ma vocation d'amateur ne pouvant plus

faire de doute à ses yeux, Gonse m'introduisit par une lettre auprès des deux marchands. Avec quel tremblement n'entrai-je pas dans le temple ! Hayashi m'accueillit très gracieusement dans le bel appartement du 65 rue de la Victoire où il avait transporté son établissement de la rue Hauteville, et je n'eus pas à me plaindre certes de la première petite affaire que je fis avec lui : pour 150 francs il me laissa emporter les deux triptyques de Hiroshigé, *La Neige à Kiso* et *Les Rapides de Naruto* ; je devais retourner souvent rue de la Victoire. Quand à la rue de Provence, Bing était malade quand je m'y présentai et c'est M. Lévy qui me reçut, le « père Lévy », comme on l'appelait familièrement ; il reconnut aisément quel excellent client allait naître et désormais je fus de la maison.

C'est chez Bing et chez Hayashi que je rencontrai tous les collectionneurs qui n'allaient pas tarder à être pour moi des amis. Hayashi, un peu secret, à la manière japonaise, disséminait les clients dans les nombreuses petites chambres qui formaient l'appartement ; chacun avait son coin où il venait vous rejoindre, et l'on ne voyait pas celui qu'il avait enfermé dans la pièce voisine ; ce mystère avait son charme et le maître de maison excellait à vous donner l'impression du traitement de faveur. Tout au contraire se passait, ou semblait se passer au grand jour chez Bing ; les clients allaient et venaient, ouvraient les armoires, fouillaient les portefeuilles, et dans le petit cabinet sous les toits spécialement réservé aux estampes, ils étaient souvent cinq ou six à se coudoyer. Vever y faisait de longues séances en sortant de sa bijouterie de la rue de la Paix ; quand son imprimerie de la rue Madame laissait une heure de loisir à Gillot, il venait ; Alexis

Rouart faisait un détour pour prendre le vent, quand il quittait ses ateliers métallurgiques, et Manzi, imprimeur comme Gillot et parfait connaisseur, n'était pas le moins assidu. Leur petit cercle s'ouvrit pour moi et je passai de bonnes et instructives heures parmi eux à m'initier. Il fallait surtout voir la maison quand un « arrivage » était signalé. Sitôt l'intérêt de l'estampe soupçonné, Hayashi et Bing avaient passé des ordres au Japon ; leurs agents couraient les bouquinistes et jusqu'aux moindres échoppes ; ils pénétraient dans les familles, et tout ce qui portait impression en couleurs était raflé et expédié à Paris, à la grande stupéfaction des acheteurs aussi bien que des vendeurs ; seul Wakaï peut-être, qui était resté en relations avec Hayashi, comprit, et il se réserva une petite collection choisie que nous avons vue plus tard entre les mains de son ami. Quand les caisses arrivaient rue de Provence, c'était une frénésie ; je ne fus jamais admis à assister aux déballages dans les sous-sols, mais Gonse et Vever me disaient leur émotion à délier les ficelles des précieux paquets, et nous les attendions en haut, trépidants d'impatience : quels chefs-d'œuvre allions-nous découvrir et sur lequel nous serait-il donné de jeter notre dévolu ?...

Bing s'entendait à merveille à entretenir cet état de grâce. C'est lui qui avait eu l'idée de ces « dîners japonais » qui réunissaient chaque mois les amateurs au cabaret ; on n'y parlait qu'estampe et l'habitude était prise que chacun en apportât quelques-unes pour les soumettre à l'admiration de ses collègues ; grâce à Vever, l'institution dure encore. Mais il avait fait mieux. Sur les arrivages, il n'avait jamais manqué de prélever quelques pièces particulièrement belles et s'était constitué une collection privée tout à fait remarquable ; elle était réunie dans un appartement de la rue Vézelay, installé avec des raffinements qui en faisaient une manière de sanctuaire, et de ce sanctuaire il faisait les honneurs avec la bonne grâce la plus amicale. Un petit groupe s'était formé autour de lui qu'il recevait à dîner dans l'intimité : Gaston Migeon en faisait partie, qui devait bientôt introduire le Japon au Louvre ; Alphonse Isaac, le graveur ; Paul Poujaud, plus amateur que collectionneur, mais amateur du goût le plus fin ; Charles Salomon, de retour du Japon ; quelquefois Hugues Krafft, revenu aussi d'Orient ; Devillez, le sculpteur de Mons, ami de Carrière, et qui en devait donner au Louvre des œuvres admirables, et toujours Vever et Gillot ; je ne manquais pas une de ces soirées, où était admis le fils de la maison, le jeune Marcel

Bing, encore au collège, mais dont nous savions déjà apprécier l'intelligence et le charme. A tous, ces réunions ont laissé des souvenirs inoubliables ; portefeuille après portefeuille, nous regardions, nous extasiant, poussant des cris d'enthousiasme, et quand après minuit il fallait partir, l'entretien se prolongeait dans les rues où nous déambulions. On prétend qu'une fois Vever revint le lendemain à 7 heures du matin pour essayer d'arracher à Bing une estampe dont il s'était épris ; mais la « collection privée » était intangible et tout au plus pouvait-on espérer parfois obtenir un double. C'est en dehors de ces séances que se traitaient les affaires ; on y était entre amateurs et jamais la question d'argent n'y intervint.

Montés à ce ton, on peut imaginer notre excitation quand une vente était annoncée à l'hôtel Drouot. Parfois Bing consentait à en être l'expert, d'ordinaire pourtant c'était Ernest Leroux, l'éditeur, lequel s'était fait une spécialité de la rédaction des catalogues ; cet excellent homme ne connaissait pas grand chose à l'estampe et ses appréciations étaient souvent saugrenues, mais on lui passait tout, en considération des belles choses qu'il mettait sur table — et à quel prix ! Aux plus grandes ventes du moment, à celle de Burty, à celle de Goncourt, c'était un petit événement qu'une pièce vendue 200 francs, et on apprit un jour que les journaux japonais s'étaient scandalisés, quand le triptyque d'Outamaro des *Pêcheuses d'Awabi* avait atteint 800 francs ; on l'a vu depuis, je crois, à 70.000. Aussi les enchères allaient-elles leur train. Quelque union cependant qui régnât dans notre groupe, chacun gardait son goût propre. Gillot recherchait les pièces de grand caractère, sans trop s'occuper de l'état ;

Manzi, au contraire, en bon graveur qu'il était, s'attachait avant tout à la qualité du tirage, et c'est un scrupule qu'il communiqua au comte Isaac de Camondo, son élève et son client, — car Manzi vendait presque autant qu'il achetait : le Louvre en profita quand la collection Camondo lui vint, car, à quelques exceptions près, elle n'est guère formée que de pièces impeccables ; Alexis Rouart, qui s'était formé une charmante collection de peintures et de gravures romantiques, avait été amené par elles au Japon, de même que M. Jacquin, l'avoué, et peut-être le sujet leur plaisait-il plus que le tirage ; pour Gonse, toujours un peu mystérieux et à l'écart, on ne le voyait guère aux ventes, ni Théodore Duret. Vever au contraire était partout où l'on trouvait des estampes ; de même qu'il avait formé en quelques années une merveilleuse collection de peinture impressionniste, l'une des mieux choisies qui fut alors à Paris, il s'était comme précipité sur le Japon ; les estampes s'entassaient dans ses cartons, elles débordaient dans le grand atelier qu'il avait loué à leur intention Chaussée d'Antin et où il les montrait à ses amis, et la quantité formidable ne faisait pas tort à la qualité. Citerai-je encore parmi les amateurs Raphaël Collin, dont les aimables peintures, fort goûtées alors au Japon, y étaient échangées contre des estampes ; Ernest Chausson, l'excellent musicien disparu si tôt, qui aux beaux tableaux qu'il réunissait avait joint quelques gravures admirables ; Louis Metman, le futur conservateur du Musée des Arts Décoratifs, qui avait su agréablement mêler l'estampe japonaise au décor de sa vie ; Javal, spécialiste d'Hiroshigé et qui, un des premiers, s'était intéressé aux livres illustrés que la plupart des autres collectionneurs dédaignaient encore ; Charles

Salomon, qu'un vif intérêt pour les choses de Russie ne détournait pas de ce Japon qu'il avait parcouru et dont il retrouvait le souvenir sur les estampes accrochées à ses murs ; Jacques Doucet, un peu tard venu, mais qui avait su regagner le temps perdu ; Guy de Cholet, qui devait tomber au Champ d'honneur et dont la courte existence a été embellie de l'amour de la musique et du goût le plus raffiné pour la peinture, pour Degas, Gauguin et les graveurs japonais ; Atherton Curtis, qui commençait sa belle vie de collectionneur en s'enthousiasmant lui aussi pour l'estampe ? En vérité, entre 1890 et 1900, Paris avait réuni d'incomparables collections d'estampes japonaises ; il était la capitale de ce petit royaume, et les quelques étrangers qui, eux aussi, avaient dès lors été conquis, tel le charmant Woldemar von Seidlitz, directeur des Beaux-Arts en Saxe, venaient lui rendre hommage.

Quelque nombreux que fussent les amateurs, l'estampe japonaise était pourtant restée confinée dans un petit cercle ; le grand public l'ignorait, et de même, naturellement, l'administration des Beaux-Arts. Sans doute en pouvait-on voir quelques-unes au Musée Guimet, mais ce n'étaient pas des pièces faites pour donner une haute idée de cet art ; heureusement, Gaston Migeon, qui était au Louvre comme attaché d'Émile Molinier au département des objets d'art, y prenait peu à peu sa place, et, amateur passionné, il se mit en tête de faire pénétrer le Japon, et notamment l'estampe, dans nos collections nationales. Ce n'était certes pas une médiocre entreprise ; quand il en parla, ce fut de la stupeur chez certains de ses collègues : ouvrir à des magots la porte du temple, quel scandale ! Migeon ne se découragea pourtant pas : patiemment, l'un après l'autre, il alla visiter les amateurs et, avec ce don de persuasion qui lui est propre, il sut les convaincre de lui donner chacun quelques bonnes pièces. Après deux ou trois semaines, une récolte abondante était enfermée dans son cabinet ; mais il s'agissait de l'en faire sortir ; sa douce ténacité obtint de la direction un local — oh ! tout provisoire — et l'exposition s'installa dans une des petites salles alors disponibles qui sont affectées aujourd'hui aux primitifs français. Certains conservateurs furent gagnés, tel Edmond Pottier, qui eut l'audace, dans un bel article de la *Gazette des Beaux-Arts*, de mettre « Grèce et Japon » en comparaison, et en somme il n'y eut pas trop de protestations. Aussi bien le choix était-il des plus satisfaisants ; il n'y avait sans doute là qu'un noyau, mais suffisant pour que d'autres estampes vinssent se grouper à l'entour, et elles ne tardèrent pas ; quelques années après c'était le don par M. Lebaudy des meilleures pièces de la collection Tronquois, puis la collection Camondo s'y incorpora, faisant de la série d'estampes japonaises du Louvre une des plus remarquables qu'ait réunies un musée européen.

Avouerai-je aujourd'hui, après bien près de quarante ans, que cette admiration pour l'estampe japonaise était un peu naïvement exclusive ? Tout ce qui n'était pas elle nous semblait inexistant. En feuilletant un livre du Dr Léonard Schwarz, de San Francisco, *The far East in Modern French Literature*, publié ces dernières années (1927), je trouve le tableau d'un curieux mouvement poétique que le Japon inspirait alors à Paris, mais nous nous plaisions à l'ignorer ; les érudits de la « Société asiatique », de l'École des Langues orientales, bientôt de l'École d'Extrême-Orient, nous ne les voulions pas connaître, et le Musée Guimet nous restait étranger; que pesaient les religions de l'Asie où il s'était spécialisé auprès d'une feuille de Kiyonaga ou d'Outamaro? Cependant à la longue cette hypnose devait s'atténuer et, tout en continuant d'aimer l'estampe, ses plus fanatiques zélateurs allaient ouvrir les yeux à d'autres lumières. Je crois bien que Hayashi ne fut pas pour rien dans leur conversion. Certes il avait trop largement gagné sa vie avec l'estampe pour la mépriser, mais il était trop bon Japonais aussi pour ne pas souhaiter que l'art aristocratique de son pays prît sa place en Europe à côté de l'art populaire, et son très réel patriotisme s'accordait en cette circonstance avec ses intérêts. Tout en vidant le Japon d'estampes, il n'avait pas laissé que de continuer à se faire expédier des objets d'art de toute sorte, laques, poteries, gardes de sabre, bronzes, voire peintures et sculptures;

tout cela sommeillait dans ses réserves ; il savait bien pourtant qu'elles s'ouvriraient un jour et il y travaillait. Tout en plaisantant le japonisme de pacotille de naguère, il laissait volontiers entendre que nous étions, avec nos chères estampes, à peu près aussi loin du vrai Japon que nos premiers devanciers, et il commençait à trouver des oreilles pour l'écouter.

Des hommes comme Gonse et Gillot, bien que partageant nos enthousiasmes, n'avaient jamais cessé de regarder au delà de l'estampe. Gonse, instruit par son propre livre, écrit antérieurement au règne de l'estampe et où elle ne tient nulle place, poursuivait silencieusement ses collections, s'enfermant dans les petites chambres de Hayashi avec des inrôs et des gardes de sabre, furetant parmi les peintures de Bing, et ajoutant sans cesse quelques pièces à des séries déjà bien riches.

Pour Gillot, il disait en souriant, quand on admirait ses vitrines où les sévères poteries voisinaient avec les laques : « Mais tout cela vient du *Bon Marché* ! » Et véritablement son œil exercé avait fait quelques découvertes dans les stocks des grands magasins, pourtant c'est toujours aux bons endroits qu'il revenait, chez Bing, chez Hayashi, peut-être chez Vignier, un nouveau venu que nous retrouverons, et aussi chez Mme Langweil, installée alors dans une arrière-boutique du boulevard des Italiens, à qui son intelligence et sa bonne grâce commençaient de faire une place à part dans la curiosité. Ni l'un ni l'autre ne cachaient avaricieusement leurs trésors ; il fallait, chez Gonse, les tirer de leurs resserres, et l'opération n'allait pas sans solennité ; au contraire Gillot les avait logés dans une grande galerie au haut de son hôtel de la rue Madame, les objets japonais mélangés à de magnifiques morceaux gothiques et à quelques pièces musulmanes rapportées d'un voyage en Égypte, où Migeon et moi l'avions eu pour compagnon avec sa famille; il en faisait les honneurs avec plaisir, et, exhortant les néophites, quand il les sentait dignes de son intérêt, à ne s'entourer que d'œuvres de caractère : « Il faut que les choses aient une trompette », s'écriait-il dans son langage imagé. Plusieurs furent pris à son exemple, et quand ils venaient chez Hayashi, charmé de les voir libérés du sortilège de l'estampe, ce sont des conseils analogues qu'ils en recevaient. Ceux qui les ont suivis ne s'en sont pas mal trouvés.

Peu à peu, sous l'action de ces hommes, le domaine du japonisme s'élargissait à Paris, et, après l'unité du temps de l'estampe, des collections se formaient plus variées et plus personnelles. A leurs merveilleuses séries d'estampes, MM. Vever et Curtis ajoutaient... ou plutôt que n'ajoutaient-ils pas? L'atelier de M. Vever de la chaussée d'Antin s'était transporté rue la Boëtie; la collection de tableaux modernes s'était arrêtée en route, dispersée à la salle Petit, mais elle avait été remplacée par une réunion de livres illustrés européens et de manuscrits et de miniatures d'Orient qui aujourd'hui encore s'enrichit chaque jour; puis aussi des vitrines, confectionnées par le parfait menuisier qu'était Niederkorn, notre fournisseur à tous, présentaient aux yeux des séries de laques magnifiques, des inrôs, des gardes de sabre, des netzkés, des poteries, à côté des graves sculptures et des peintures bouddhiques, et surtout de ces paravents où l'art le plus noble a déployé tous les prestiges du décor japonais. Chez M. Curtis, c'est un grand logis de la rue Notre-Dame-des-Champs, dont le maître ne s'est réservé qu'une aile pour lui-même et où, dans un ordre très savant, l'art le plus subtil du Japon voisine avec les chefs-d'œuvre de l'Égypte antique, de l'Orient et de la France médiévale : il ne se trouve point dépaysé parmi eux. M. Brenot, qui fut le premier trésorier de la Société des Amis du Louvre, recherchait volontiers les objets d'aspect archaïque et il les installait dans le demi-jour favorable de son appartement de la rue du Général-Foy ; peut-être ne le prenions-nous pas aussi au sérieux qu'il eût convenu, puisque c'est de chez lui qu'est sorti le fameux éléphant chéou entré au Louvre avec la collection Camondo et qui semble un des bronzes les plus vénérables arrivés en Europe. Chez Isaac de Camondo, rue Meyerbeer d'abord, aux Champs-Élysées ensuite, les admirables peintures françaises de la fin du XIXe siècle et les estampes japonaises tenaient trop de place pour qu'on s'attachât longuement aux objets d'art japonais; ils étaient cependant choisis avec goût, et il en allait de même chez Manzi, rue Pigalle, grand amateur de peinture moderne lui aussi, et chez Alexis Rouart, dans le cabinet duquel, rue de Lisbonne, on regardait peut-être plus les aquarelles des aimables petits maîtres du XIXe siècle que les porcelaines, les bronzes et autres objets pourtant excellents que chaque jour presque il rapportait d'une visite à Mme Langweil. Il faudrait nommer aussi, pour que le tableau fût à peu près complet, Jacques Doucet, qui, à ses estampes, avait ajouté une extraordinaire série de laques; le Dr Ancelet, beau-frère de Gillot, spécialisé dans les inrôs; Blondeau, que des revers de fortune, entre autres malheurs, obligèrent à vendre au détail sa jolie collection dans un magasin de la rue la Boëtie; Tony Smet, du Conseil d'État, le vicomte Louis de Sartiges et Paul Cosson, qui butinaient chez les marchands et dans les ventes au gré d'une fantaisie et d'un goût toujours en éveil ; Marcel Guérin, dont les poteries rivalisaient avec les flambés de Chaplet qu'il avait réunis. Puis c'était le groupe des amateurs de gardes de sabre, Henri Hirsch, dans le cabinet de qui elles alternaient avec les vases de Gallé ; Mourier, que ses graves fonctions de directeur de l'Assistance Publique n'absorbaient pas tout entier ; Marcel Guérin, déjà nommé ; le marquis de Tressan. mort plus tard pour la France et qui, seul d'entre nous, comme récemment François Poncetton, alliait une sérieuse érudition à la passion du collectionneur.

N'oublions ni Georges Clemenceau, qui, à l'exemple de son ami Claude Monet, fut un des japonisants de la première heure ; ni J. Reubell, prodigieusement divers dans ses goûts et entouré dans son appartement de la rue Marignan d'une étonnante variété d'objets précieux, argenteries, armes, porcelaines, bronzes venus de tous les coins du monde ; ni Hugues Krafft, qui consentit plus tard à vendre ses chers trésors pour reconstruire le Musée du Vieux Reims fondé par lui et que la guerre avait détruit; ni Henri Rivière, à qui Hayashi, en payement d'une belle décoration peinte pour la maison qu'il rêvait de faire bâtir à Tokyo, avait permis de faire un choix parmi ses gardes de sabre et ses inrôs les plus précieux; ni Ulric Odin, qui, résidant longtemps au Japon devenu sa seconde patrie, en avait rapporté d'excellentes peintures; ni G. Migeon, que ses fonctions au Louvre n'empêchaient pas de demander au Japon une part du décor de sa vie : seul d'entre nous, avec Ch. Salomon, Hugues Krafft, Odin et E. Hovelacque, il l'avait visité, et quel prestige ne lui donnait pas à nos yeux ce voyage qui l'avait tant charmé ! Et nous ne saurions ne pas faire une place à part à Georges Marteau et à Eugène Mutiaux. Marteau, dans son perchoir de la place Saint-Augustin, avait réuni des miniatures persanes, des gravures de Durer, des faïences de Rouen, des estampes, une série unique d'anciennes soieries du Japon et nombre d'autres objets, que sa minutie exigeait d'une qualité parfaite : on en peut juger aujourd'hui au Louvre, à la Bibliothèque Nationale et au Musée des Arts Décoratifs, où sa générosité les a fait entrer. Quant à Mutiaux, c'était vraiment un des originaux de notre groupe ; à pénétrer dans son petit appartement de la rue de la Pompe, on se croyait chez le plus endurci des bourgeois ; d'affreux tableaux pendaient de travers aux murs de son cabinet et de vieux journaux s'empilaient sur le parquet ; mais qu'il consentît à vous ouvrir un tiroir, à vous apporter une boîte poussiéreuse qu'il tirait de dessous son lit, les plus admirables pièces apparaissaient, recherchées avec le goût le plus raffiné, épreuves d'essai de Daumier ou laques japonais, céramiques musulmanes ou poteries coréennes ; nul n'a plus aimé et mieux goûté que lui l'art qui nous passionnait. Et me sera-t-il permis de me souvenir que, dans une vieille maison du quai de Béthune, un autre amateur, ami de tous ceux-là, s'était plu à rassembler poteries, laques, gardes, plats de Damas, dessins et peintures modernes, devant lesquels quelques-uns s'arrêtaient parfois avec plaisir ?... Hélas ! cette revue n'est presque plus, après si peu d'années, qu'un appel des morts, mais qu'ils jouirent de tant de belles choses et combien leur vie était embellie par ce Japon qu'ils avaient découvert !

Le goût du Japon fut à son apogée aux environs de 1900; aussi bien eûmes-nous cette année une occasion d'en apprécier les trésors, telle qu'il ne s'en était jamais présenté et qu'il ne s'en présentera plus sans doute. Hayashi, je l'ai dit, était un patriote convaincu en même temps qu'un négociant habile; s'il avait désiré faire connaître l'art véritable de son pays au lieu du bibelot qui prévalait avant lui, c'était beaucoup par orgueil national, et quand il sentait un de ses clients dans la bonne voie, il s'attachait à le mieux servir que tout autre : « Il ne faut montrer et vendre aux gens, disait-il finement, que ce qu'ils sont capables de comprendre. » Ayant enfin reconnu que ceux qui comprenaient étaient assez nombreux, un projet se forma dans son esprit, à savoir d'amener à Paris, à l'occasion de l'Exposition universelle qui se préparait, quelques-uns des grands trésors des temples du Japon : ainsi serait achevée son œuvre de propagande. Mais ce n'était pas une entreprise aisée ; Hayashi n'était là-bas qu'un bien petit personnage ; comment se ferait-il entendre ? Il appartenait heureusement au clan dont le marquis Ito était le chef, et le chef très écouté, et s'ouvrit à lui ; celui-ci comprit l'intérêt de la suggestion ; avant de nouer avec l'Europe les relations économiques et politiques intimes qu'il souhaitait, le terrain devait être préparé et il convenait de lui montrer ce qu'était cette civilisation japonaise dont elle ne se doutait guère. De concert avec la Légation japonaise en France, dirigée par des hommes éminents, il se fit à Tokyo l'avocat de cette cause et, comme seul à ses yeux Hayashi était capable de réaliser son projet, il le proposa comme commissaire général japonais pour l'Exposition de 1900. Grand scandale naturellement dans l'aristocratie ;

un homme de rien, un marchand appelé à ces hautes fonctions! Ito tint bon et la nomination fut signée; Hayashi dut s'engager seulement à se retirer des affaires. Alors commença pour lui le choix des objets à envoyer à Paris; les temples furent invités à lui ouvrir leurs resserres, les collections de la maison impériale leur ayant donné l'exemple, et les anciens daïmios ne demeurèrent pas en reste; ce fut, dans un merveilleux palais reproduisant, je crois, le temple de Horiuji, au milieu des jardins du Trocadéro plantés de chrysanthèmes pour la circonstance, une prodigieuse reunion de chefs-d'œuvre. Des arts industriels, laques et bronzes, quelques rares merveilles avaient été apportées, mais ce sont surtout les peintures et les sculptures qu'on avait tenu à faire connaître : c'est là que pour la première fois nous vîmes cette statuaire, tantôt du réalisme le plus aigu, tantôt d'une profondeur de mysticisme insoupçonnée, et ces kakémonos, saints bouddhiques sur fond d'or ou paysages à l'encre de chine d'un incomparable lyrisme. Une *Histoire de l'Art Japonais*, rédigée par des spécialistes nippons, expliquait ces trésors au grand public. L'effet en fut considérable même sur les non-initiés ; quant aux amateurs, quelques articles de Hovelacque dans la *Gazette des Beaux-Arts* et de Claude Maître dans la *Revue d'Art Ancien et Moderne* en crièrent l'enthousiasme. Le vrai Japon leur était enfin révélé ! Hélas ! l'Exposition n'eut qu'un temps, les chefs-d'œuvre repartirent pour leurs lointaines demeures et on ne les revit plus, car nous n'avons pas été nombreux, quelques années après, à admirer ceux que le Gouvernement Impérial avait consenti de nouveau à prêter, cette fois à l'exposition anglo-japonaise de Londres ; Migeon, Isaac et moi fûmes à peu près les seuls français à passer l'eau pour les voir ; quant aux Anglais, je ne sais pourquoi, ils les ignorèrent très généralement. Quelles leçons pourtant, à s'en pénétrer !

La condition mise à la nomination de Hayashi au Commissariat général était dure ; il s'y soumit pourtant et passa la main à ses frères ; mais quelle que fût la gentillesse de l'un d'eux, le jeune Haghiwara, ils n'étaient pas de taille à diriger quoi que ce soit, et quand Haghiwara mourut — les danseuses, disait-on, plus que le travail, avaient contribué à sa fin prématurée —, une liquidation s'imposa. Elle était fâcheuse pour les amateurs mis en goût, d'autant plus que, vers ce moment, Bing aussi restreignait ses affaires de Japon. S. Bing, on le sait, était un commerçant étonnamment adroit, qui apportait à la conduite de ses affaires toute la souplesse de sa race ; il avait aussi une grâce persuasive à laquelle on résistait mal ; mais, oserais-je l'ajouter, une sorte de « prophète » sommeillait en lui, et on le vit tout à coup se révéler. Il se flattait à juste titre d'avoir été un des meilleurs introducteurs de l'art japonais dans son pays ; cependant, à y songer, il estima que ce n'était pas assez que d'y avoir initié les amateurs et que des services plus marqués pouvaient-être rendus par le Japon. On parlait beaucoup, entre 1890 et 1900, d'un renouvellement de l'art décoratif et plusieurs artistes y travaillaient heureusement ; la simplicité du grand art de l'Extrême-Orient dans son raffinement sembla à Bing devoir servir d'exemple à l'Europe ; lors d'un voyage aux États-Unis, il avait été frappé des possibilités que les procédés d'aujourd'hui offrent à la décoration ; l'idée germa en sa tête de se faire l'apôtre de ce renouvellement, où le Japon, bien compris dans ses principes, se ferait comme le tuteur de notre art moderne, et, liquidant peu à peu ses affaires de curiosité, il ouvrit dans son local transformé de la rue de Provence les magasins de l'*Art nouveau*. L'idée était grande et noble ; mais Bing avait-il les qualités nécessaires pour la réaliser? Et ne venait-il peut-être pas trop tôt pour réussir? Certes il montra en 1900 aux Invalides un pavillon meublé dans un goût nouveau et singulièrement raffiné, où le Japonisme s'alliait à la tradition européenne très ingénieusement, et quelques-uns des plus beaux meubles de ce temps, signés Gaillard, de Feure, van de Velde, Colonna, sortirent de ses ateliers ; le public, toutefois, y était mal préparé et Bing eut le sort de la plupart des précurseurs ; après quelques années, fatigué et apauvri, il dut renoncer. Son effort n'avait pas moins été louable et nous avons plaisir à songer à ce que cette première tentative française en faveur de l'art décoratif moderne dut au Japon.

La retraite plus ou moins complète de Hayashi et de Bing auraient pu porter un coup sensible à l'expansion en France de l'art japonais ; il n'en fut rien heureusement. La passion des amateurs en effet trouva son compte dans les ventes de grandes collections qui se succédèrent en peu d'années. Celle des Goncourt avait ouvert la voie en 1897, et, malgré la qualité assez médiocre de beaucoup d'objets, grâce à la réputation de la *Maison d'un Artiste,* grâce aussi à une présentation prestigieuse rue de Provence par Bing, qui était expert, le public afflua. Peu après, en 1902 et 1903, ce furent les ventes Hayashi ; il est rare que la vente de liquidation d'un marchand réussisse : « Fond de boutique », dit-on volontiers ; là, la beauté des objets était si évidente qu'il fallut s'incliner et que l'une et l'autre fois le succès fut triomphal. Hayashi n'aimait pas à se séparer de ses beaux objets; il ne les cédait qu'à bon escient, à qui lui semblait mériter cette faveur, et il en avait gardé beaucoup par devers lui; ni lui, ni les amateurs n'eurent à le regretter quand ces morceaux hors pair passèrent sous le marteau dans les galeries Durand-Ruel, rue Laffitte, prêtées pour la circonstance. Puis, Gillot étant venu à mourir, bien prématurément et au grand chagrin de ses amis, sa collection, elle aussi, passa en vente (1904), vente sensationnelle et où l'on revit pour la dernière fois quelques-unes des plus nobles œuvres que l'Europe avait su enlever au Japon. Enfin, Bing disparaissait, et, après tant d'autres qu'il avait contribué à former, sa collection, quittant les jolies vitrines où son maître l'avait amoureusement installée, se dispersait elle aussi (1906).

Ces ventes si rapprochées eussent dû lasser les amateurs ; elles les excitaient plutôt. Qu'était l'émotion des petites ventes d'estampes de jadis, au prix de l'enthousiame que celles-ci soulevaient parmi nous ! A leur annonce, nous perdions le sommeil ; c'était la fièvre le jour de la vente ; l'on entendit des amis s'injurier pour s'être un peu vivement poussé l'un à l'autre des numéros que tous deux souhaitaient, et une respectable dame fut traitée à intelligible voix de « sale vache » par un fort galant homme sur les enchères duquel les siennes l'avaient emporté. Tous les amateurs de Paris, naturellement, avaient leur place gardée à ces réunions, mais il en venait aussi de l'étranger, et en grand nombre. L'Amérique ne donnait pas encore et l'Angleterre faisait bande à part, mais l'Allemagne accourait. M. Jacoby, un banquier berlinois, qui avait écrit un gros livre sur les gardes de sabre et devait laisser au Musée de Berlin une belle collection de laques et de peintures ; le professeur Oeder, dont ceux qui l'ont entrevue n'oublieront pas la jolie maison de Dusseldorf aux chatoyantes vitrines ; le professeur Grosse surtout, de Fribourg en Brisgau. Ernest Grosse était, avec Mr. Freer, de Detroit (Michigan), un des hommes les plus raffinés que j'aie connus ; il avait publié un admirable travail sur les *Débuts de l'Art* (trad. fr., 1902), quand la rencontre de Hayashi décida de sa vocation de japonisant ; Hayashi devint son dieu, et le dieu paya son serviteur de retour en lui ouvrant jusqu'au fond ses réserves. Je visitai plusieurs fois Grosse, qui vivait alors une calme existence studieuse auprès de sa mère adoptive, Mme Meyer, tantôt à Fribourg, tantôt dans sa campagne du Titisee ; quel délice c'était, devant ce beau paysage de la Forêt-Noire, de prendre en mains les merveilleuses poteries qu'il sortait de leurs boîtes — car, à la japonaise, il n'admit jamais les vitrines — et d'en discuter avec lui les mérites ! Jamais, au tchanoïo, les bols coréens ne furent admirés avec plus de ferveur par les vieux tchajins !

Et les conservateurs de musée aussi étaient là. Le Louvre, qui avait un peu timidement commencé par la collection d'estampes réunie grâce à M. Migeon, n'était plus aussi hésitant et il pouvait faire figure, grâce à quelques crédits accordés par le conseil des musées : geste heureux qui fut renouvelé quand M. Migeon partit pour le Japon ; il en devait rapporter, outre un joli livre, ces *Promenades aux Sanctuaires* parues en 1908, quelques peintures qui méritent considération. Le directeur des musées de Cologne et de Leipzig,

M. von Falke et M. Graul, étaient assidus ; de même M. de Seidlitz, directeur des Beaux-Arts de Saxe, dont nous appréciions tous la courtoisie, et qui, venu un jour à Paris pour une vente japonaise, en rapporta à Dresde les admirables *Casseurs de pierre* de Courbet, qui se vendaient dans une salle voisine ; on voyait aussi le Dr Kümmel, qui devait jouer un si grand rôle dans la formation des musées d'Extrême-Orient de Berlin. Mais l'habitué sans lequel une belle vente semblait impossible était le Dr Brinckmann, le conservateur de Hambourg ; il avait été un des premiers à créer une section japonaise dans un musée allemand, et cette primauté, jointe à de réelles connaissances, lui donnait sur ses collègues une autorité dont il jouissait sans réserve ; parfois, il amenait avec lui son attaché, le japonais Hara, dont il faisait l'éducation, et le très aimable directeur de Copenhague, Pietro Krohn, les accompagnait.

Tout ce petit monde, qui se connaissait et chez lequel les rivalités d'acquéreurs entretenaient l'amitié, donnait la physionomie la plus vivante à ces séances de vente. Les enchères se répondaient, passionnées, à la surprise parfois des commissaires-priseurs, MM. Baudouin et Lair-Dubreuil, qui ignoraient encore jusqu'où l'ardeur d'un japonisant peu l'entraîner, et un jour, tant la chaleur était forte, celle des enchères aussi bien que la température, on se cotisa pour faire chercher au bazar voisin des éventails : « Qui n'a pas son petit vent du Nord ? » criait-on en ce temps sur les boulevards. Et les prix nous semblaient fabuleux ! Ce fut de la stupeur quand, à une des ventes Hayashi, l'expert mit sur table à 25.000 francs une écritoire en laque de Korin ; aucune aussi belle n'était assurément venue en Europe et nous nous en rendons bien compte aujourd'hui à la voir au musée de Berlin, où elle entra plus tard grâce à la libéralité du professeur Grosse ; mais un silence effaré répondit à la demande et c'est sous main que Hayashi la céda à Grosse. Autre incident à la vente Gillot. Mme Gillot, qui tenait à garder une partie du décor de la galerie de son mari, avait donné ordre à Bing de lui racheter un magnifique paravent de Kenzan qu'elle aimait à avoir sous les yeux ; seulement elle ignorait que le paravent qui faisait la paire avec le sien ils vont toujours par deux) était chez un richissime américain ; or Yamanaka, le grand marchand de Tokyo et de Londres, le savait et il ne doutait pas que l'amateur ne fut disposé pour l'avoir à un gros sacrifice ; son représentant se mit donc à pousser, 20.000, 25.000, 30.000 francs. C'était à une séance du soir, car il en fallait tenir deux par jour pour épuiser la matière ; Bing répondait, mais en faiblissant, se demandant, anxieux, si l'ordre de rachat de Mme Gillot impliquait si incroyable folie ; enfin il lâcha à 50.000. Nous avions suivi la lutte haletants ; jamais pareil prix n'avait éte imaginé..... On en a vu bien d'autres depuis. Reconnaissons d'ailleurs que tous n'étaient pas de telle grandeur et qu'à le bien prendre, la plupart semblent aujourd'hui plus que médiocres ; on eut pour quelques cent francs les rares laques archaïques de Hayashi ; le Louvre acquit au même prix les masques antiques dont il a constitué une série unique en dehors du Japon, et le beau Kakémono de Hiroshigé, *Les Bords de la Soumida*, fut adjugé à la Société des Amis du Louvre pour deux cents francs. Conscient de l'intérêt que ces inoubliables séances auraient un jour pour nous, Hayashi avait chargé son ami, le dessinateur Renouard, d'en garder le souvenir ; tapi près du commissaire-priseur, il crayonna des heures durant, et sûrement toutes nos figures doivent être passées sur ses feuillets, saisies dans l'excitation de la vente. Plusieurs d'entre nous auraient beaucoup donné pour posséder, fût-ce une photographie de ces curieux documents ; mais Hayashi se refusa même à les laisser voir et je ne sais ce qu'ils devinrent après sa mort ; le catalogue de sa vente à New-York de tableaux et de dessins français modernes n'en fait pas mention et ses fils, que j'ai vus un jour, m'ont affirmé les ignorer. Car il avait formé au moyen d'échanges une jolie collection d'œuvres de nos artistes, surtout de Degas, et celui-ci possédait de ce fait un remarquable album érotique de Moronobou qu'il me montra un jour dans son atelier.

On admettra volontiers que ces ventes n'aient pas refroidi l'enthousiasme des collectionneurs ; il avait au reste d'autres occasions de se réchauffer. En 1900, au cours du solennel dîner offert par Hayashi à l'occasion de l'inauguration du pavillon japonais, la fondation avait été décidée d'une Société Franco-Japonaise, dont la présidence fut offerte à M. Bertin, ingénieur de la Marine, qui avait joué un rôle prépondérant dans la construction de la flotte du Japon ; on se retrouvait avec plaisir à ses séances, les amateurs s'y mêlant familièrement aux fonctionnaires du gouvernement impérial, tel M. Appert, ou aux savants comme M. Guimet. Tous les mois, le « dîner japonais » d'autrefois continuait à réunir ses anciens convives à qui d'autres s'étaient joints, Groult notamment, le célèbre collectionneur, qui animait ces agapes de sa verve et parfois nous emmenait prendre le café dans son hôtel de l'Avenue du Bois, parmi les chefs-d'œuvre de la peinture française du XVIIIe siècle. L'Ambassade contribuait de même à resserrer ces liens, car des hommes comme le baron Motono et le vicomte Ishïi, assistés du jeune Adatci, qui devait vingt-cinq ans plus tard leur succéder, avaient parfaitement compris de quelle utilité les simples amateurs d'art pouvaient être pour le rapprochement tant politique qu'économique des deux pays, et ils leur offraient tantôt le divertissement d'une cérémonie du thé, tantôt un dîner « à la japonaise », mais qui, commencé avec des baguettes, se terminait, devant l'inaptitude générale à se servir de ces instruments, avec de prosaïques fourchettes. L'on ne saurait oublier les matinées du dimanche dans l'atelier de Vever, où à chaque visite de nouvelles merveilles, miniatures persanes, livres français illustrés, gravures, et toutes les séries de l'art japonais, accueillaient des amis sans cesse plus nombreux. Et sans doute le bouquet de ce feu d'artifice fut-il tiré par le Musée des Arts Décoratifs, quand il organisa au pavillon de Marsan sa série d'expositions d'art japonais. Pendant six ans, chaque printemps, de 1909 à 1914, on y vit réunis les uns après les autres, par ordre chronologique, les œuvres des grands maîtres de l'estampe (Ch. Vignier, assisté de Jean Lebel, tombé peu après au Champ d'honneur, et d'Inada, en rédigeaient le somptueux catalogue, tandis que P.-A. Lemoisne et Louis Aubert les commentaient dans d'attrayants volumes), et, voisinant avec les gravures, une série d'objets d'art, laques, bronzes, gardes de sabre, poteries ou sculptures ; nul amateur ne se refusa à prêter les meilleures pièces de ses collections et l'on put ainsi passer comme une revue de tout ce que leur goût avait amassé dans Paris pendant vingt-cinq ans. Seules les peintures demeuraient à peu près absentes, pour la raison qu'en fait de kakémonos, sauf ceux d'Odin, presque tout ce qui était de valeur, le Japon l'avait retenu ; la peinture est le trésor national, et, ce trésor, on ne le livre pas aux barbares. Mais, pour les arts mineurs, aucune capitale à ce moment n'aurait assurément présenté de tels ensembles.

II

La Chine archaïque

Et pourtant la domination exclusive de l'art japonais était bien près de prendre fin. Bing et Hayashi retirés ou disparus, une nouvelle génération de marchands surgit à l'horizon, assez différente de l'ancienne, et, comme des marchands intelligents s'entendent à façonner le goût de leurs clients, celui-ci se modifia peu à peu, sans peut-être que les amateurs eux-mêmes en eussent d'abord conscience. Après l'Orient musulman archaïque, c'est la Chine des hautes époques que les nouveaux venus introduisirent dans les collections. Je ne parlerai pas ici de l'Orient musulman, bien que de curieux types d'amateurs et surtout de marchands revivent dans ma mémoire, toute la gent arménienne et cet Antoine Brimo, un damasquin lui, si vivant, si amusant dans les ventes à toujours surenchérir, et d'un goût si avisé à la fois. Quant à la Chine, il me faut commencer par lui faire, à elle aussi, des excuses. Certes elle était fort à la mode dans ma jeunesse; ses porcelaines avaient des amateurs fervents et il suffit de nommer du Sartel et ce Grandidier qui devait en donner au Louvre une extraordinaire collection ; de même les bronzes et les cloisonnés. Mais est-ce que ces vieilles gloires qui duraient depuis Louis XIV nous semblaient surannées ? Ou les éclatants débuts du jeune Japon nous avaient-ils tourné la tête ? Je ne sais, en tout cas la plupart d'entre nous ne parlaient de la Chine qu'avec un sourire dédaigneux ; M. Paléologue, le futur ambassadeur, auteur d'un très bon livre sur l'*Art Chinois*, qui s'étonnait un jour de notre exclusivisme, reçut de moi une déclaration dans les règles sur l'incontestable supériorité du Japon, et rien de ce qui était chinois ne franchissait le seuil de nos collections. Seuls Alexis Rouart, Isaac de Camondo et Gonse faisaient exception. En vérité notre zèle de néophytes, je dois le reconnaître aujourd'hui, était assez maladroit et nous perdîmes de grandes joies à nous détourner. Mais tout cela allait changer.

Hayashi était trop foncièrement japonais pour ignorer la grandeur de l'art chinois ; assurément la porcelaine décorée ne le touchait guère, mais je l'entendis souvent dire :

« Ah ! si vous voyiez ce qu'a fait la vieille Chine ! » Seulement ses ouvrages ne venaient pas jusqu'à nous. Il tenta un jour d'en introduire quelques-uns, une série de bronzes qu'il avait acquis à grand peine d'un amateur japonais, et il les montra fièrement ; plusieurs de ces morceaux étaient magnifiques et tels assurément qu'on n'en avait jamais vu à Paris — la collection Cernuschi était alors difficilement accessible et le départ n'y avait pas été fait entre l'excellent et le pire ; mais leur exceptionnelle qualité leur nuisit sans doute ; les prix qui semblaient élevés, hélas ! rebutèrent les amateurs, et presque tout partit pour Fribourg, chez M. Grosse, avant d'entrer, grâce à lui, au Musée de Berlin. Nous nous étions laissé devancer. Hayashi n'insista pas ; vers 1900 pourtant, une surprise nous était réservée ; il reçut un jour deux grands vases en terre à couverte verte : « C'est chinois, me dit-il, très ancien, peut-être du début de l'ère chrétienne, mais je n'ai jamais rien vu de semblable. » J'en pris un et reconnus peu après que j'avais entre les mains une des premières pièces de fouille sorties de Chine, un de ces pots Han, dont les cimetières, violés pour laisser passer des chemins de fer, allaient fournir à l'Europe une si ample moisson. De ces pots et de la céramique des dynasties postérieures jusqu'aux Soung, Paris en a heureusement su retenir beaucoup.. Et il n'y a pas à s'en étonner. Ce goût subit pour la Chine archaïque correspondait en effet à une évolution des idées d'art en France. Le charme du Japon avait opéré aux beaux temps de l'impressionisme ; les grands peintres d'alors étaient tous plus ou moins japonisants ; japonisants aussi, ceux qui les premiers en avaient aimé les tableaux, les Duret, les Gonse, les Vever, les Camondo, et j'ai dit que c'est par le Japon que Bing était venu à l'*Art nouveau* : on sentait le parfum japonais dans les premiers essais des jeunes décorateurs qu'il nous présentait. Mais, après les séductions de la grâce, la force allait reprendre ses droits ; de même que le règne de Cézanne et de Gauguin succédait à celui de Cl. Monet, la primauté de Ruhlmann à celle de Gaillard, l'ancienne Chine, toute de noblesse et de sérieuse grandeur, devait l'emporter sur le Japon.

Ceux qui servaient d'intermédiaires entre l'Extrême-Orient et nous le comprirent instinctivement. Mme Langweil, seule survivante des grands marchands du début, n'y eut pas de peine ; dans son rez-de-chaussée du boulevard, elle avait toujours eu un coin chinois ; il lui suffit de l'agrandir, et cet agrandissement coïncida avec son installation dans le bel hôtel de la place Saint-Georges, où elle ne tarda pas à attirer tout ce qui, dans la société parisienne, se piquait de goût et de raffinement ; sa bonne grâce et sa dextérité furent pour beaucoup dans la mise à la mode du chinois. Si Bing avait vécu, il n'eût pas manqué de s'y faire aussi ; son fils Marcel, qui, lui mort, prit sa place, était encore plus fin que lui, et une culture artistique singulièrement étendue avait ouvert son esprit à l'intelligence des chefs-d'œuvre de tous les pays ; tout en gardant par tradition de famille l'amour du Japon, il ne comprit pas moins la Chine et quelques-uns des plus beaux objets qui en sortirent passèrent par ses mains. Aussi bien n'hésitait-il pas à les aller chercher sur place ; plusieurs fois il fit le voyage d'Extrême-Orient, tantôt s'attardant au Japon, quand une grande vente y était annoncée, comme celle du temple de Nishi-Honganji, dont le trésor fut en partie dispersé aux enchères pour payer les dettes de jeu d'un prieur aventureux, tantôt remontant en Chine jusqu'aux sources qui alimentaient les marchands de Pékin; de ses voyages, il ne rapportait que quelques pièces, mais choisies avec un tact merveilleux, et la grâce qu'il mettait à en faire les honneurs semblait encore accroître leur beauté. Son second, R. Haase, lui a succédé.

Charles Vignier, le concurrent de Marcel Bing, n'était pas moins cultivé que lui et prêt de même à tout comprendre; passé de la littérature à la curiosité, il commença petitement, dans une modeste boutique de la rue Laffitte, et jamais il ne lui prit fantaisie de courir le monde; Paris, à son gré, présente assez de ressources à qui sait les découvrir; mais il se pique d'être passé maître à ce jeu, et en effet chaque visite vous met en face de quelque extraordinaire trouvaille. Assurément, pour être admis dans le sanctuaire, il faut montrer patte blanche, et l'on prétend que quelques-uns, qui n'avaient pas su plaire, comprirent qu'il serait raisonnable de n'y pas reparaître; mais nul ne s'entend mieux à faire l'éducation de l'œil de ceux à qui il veut du bien et c'est là un service qui mérite une amicale reconnaissance. Il avait débuté lui aussi par le Japon, puis, en passant par l'Orient musulman, il vint à la Chine; elle règne aujourd'hui dans l'hôtel de la rue Lamennais et l'on en verra sortir avant peu, dit-on, un gros livre qui éclaircira quelques-uns des mystères des bronzes archaïques; quelques ingénieux essais parus dans des périodiques en ont donné d'ailleurs un avant-goût. A côté de Marcel Bing et de Vignier, il faut mentionner Paul Mallon, grand voyageur en Chine jadis, épris des beaux objets qu'il en rapportait au point de se décider malaisément à les vendre; Kélékian, collectionneur autant que marchand, et dont on ne saurait dire lesquelles l'emportent dans les séries de céramiques archaïques qu'il a su réunir, celles de la Chine ou celles de l'Orient musulman ; Wannieck, dont un des titres à nos yeux fut l'exposition dans ses galeries d'une des plus magnifiques collections de bronzes archaïques que jamais le sol de la Chine ait livrés ; Worch, qui, simple importateur d'abord, fut un des premiers à comprendre le rôle que la Chine allait jouer ; il mourut de la guerre et son neveu a transporté ses affaires à Berlin ; Portier, spécialisé aujourd'hui dans les ventes ; Blondeau, qui avait su gagner toutes les sympathies et disparut tristement ; Loo enfin, faisant sans cesse la navette entre Paris, New-York et Pékin, et dont le message qu'il nous apporte chaque année de la Chine, son pays, ne saurait ne pas recevoir l'accueil le plus flatteur. D'autres devaient être nommés encore, je le sais, les grands marchands de porcelaines notamment, tel Héliot, mais je ne cite que ceux avec qui je me suis trouvé en relations et ne saurais prétendre à faire une statistique de la curiosité. « Ils sont trop », aujourd'hui que la mode s'est mise à travailler pour eux.

En effet, la vague chinoise ne tarda pas à être aussi forte à Paris que l'avait été la vague japonaise. Sans doute tous les amateurs d'autrefois ne se laissèrent pas séduire et l'un des plus illustres, Vever, se refusa, ou à peu près, à introduire dans son atelier la Chine à côté du Japon, de l'Orient et du XVIIIe siècle; Mutiaux demeura fidèle, lui aussi, à ses affections ; ce fin connaisseur du grec et du japonais ne fit aucun effort pour comprendre la grandeur austère des vieux chinois, et tout naturellement U. Odin, qui avait passé les plus belles années de sa vie à rechercher à Kioto des peintures japonaises, continua, une fois rentré dans son logis de l'Ile Saint-Louis, à rêver du Japon devant les beaux kakémonos — les seuls sans doute de cette qualité qui soient venus en France — qu'il déroule pour son intime délectation. Même il se forma encore ces dernières années quelques nouveaux amateurs de Japon : à côté du Dr Poncetton, il faut nommer le Dr Millot, spécialisés tous deux dans l'étude des gardes de sabre, et surtout M. Robert de Billy; parti, déjà fervent japonisant, pour son ambassade à Tokio, il en revint collectionneur émérite, ayant profité de merveilleuses occasions et rapportant des documents de céramique coréenne notamment de capitale importance. Pourtant presque tous, sans renoncer au culte de notre jeunesse, nous fûmes amenés à sacrifier au dieu nouveau; dans nos vitrines, sur nos tables, à nos murs, la Chine s'introduisit à côté du Japon, mettant sa note grave près des gais accents d'autrefois, et des amateurs même qui, tout occupés de l'art d'Europe, n'avaient jamais jeté qu'un regard distrait sur l'Orient, se plurent à venir à lui, quand ils virent heureusement unis les témoins de ses si diverses civilisations.

Jacques Doucet était célèbre pour avoir fait cette collection de peintures du XVIIIe siècle, qui, installée dans l'hôtel de la rue Spontini, passait à bon droit pour une des gloires artistiques de Paris ; soudain l'Orient l'attira, et, à côté de ses estampes et de ses laques japonais, il disposa des peintures et des sculptures de la Chine de la plus rare qualité ; c'est vers le même moment, et en suite, semble-t-il, de la même évolution du goût, que l'art moderne le plus aigu le passionna à son tour. J. Peytel, un grand financier, dans les somptueux salons duquel l'art de Rodin et de Monet avait voisiné jusque-là avec celui de la Grèce, de l'Égypte et du Moyen-Age, se sentit à son tour convaincu — c'est le charme de Marcel Bing qui avait opéré — et le Japon et la Chine entrèrent chez lui : ses bronzes sont bien connus et notamment le groupe doré Weï des deux boddhisatwas, qui, après sa mort, entra au Louvre. La Chine rejoignait de même le Japon chez M. Curtis, chez Henri Rivière, deux de nos plus anciens amateurs, qui apportèrent dans leurs choix nouveaux la même finesse d'œil qu'on avait déjà admirée en eux; chez Lucien Henraux, qui devait nous quitter trop tôt, et chez son frère Albert, et moi-même je n'hésitai pas à introduire dans mes vitrines de poterie japonaise et coréenne des pièces Tang et Soung, qui ne s'y trouvèrent certes pas déplacées. Cependant, et comme pour mieux marquer l'unité des arts de l'Asie, c'est à l'Orient musulman archaïque que quelques amateurs nouveaux associaient la Chine, tels M. Alphonse Kann, dans son « studio » de Saint-Germain-en-Laye, et M. Charles Gillet, le grand industriel lyonnais; il se fournit volontiers, je crois, chez Vignier, de qui il a appris le secret de ne pas s'encombrer et de porter son effort sur la pièce caractéristique. Cette méthode est pratiquée par M. Joseph Homberg, fils d'un de nos meilleurs amateurs d'art musulman, et dont les vitrines réunissent quelques-uns des plus beaux objets laissés par son père et des chefs-d'œuvre de l'art chinois ; par son frère, M. Octave Homberg, qui se délasse de ses préoccupations financières et coloniales par la contemplation des plus nobles œuvres de l'Asie; et de même par Mr. et Mrs. Bliss, des Américains qui se sentent français parmi nous et que nous avons adoptés ; durant les longues absences de

Paris auxquelles les contraint la carrière diplomatique, ils ont déposé au Louvre une partie de leurs trésors, et ces précieux objets, mêlés à nos collections nationales, tiennent noblement leur rang dans les salles musulmanes et chinoises qui les ont accueillis.

Quelques-uns pourtant, plus exclusifs, ne voulurent pas que l'Asie fût représentée chez eux autrement que par la Chine. C'est elle seule, et encore celle des Han presque sans exception, que le Dr Viau a admise à prendre place à côté de ses tableaux modernes, et sa « ménagerie » primitive en terre voisine de la plus amusante façon avec les Delacroix, les Degas et les Renoir ; Mme Pierre Girod, récemment disparue, ne prétendait pas collectionner, mais elle avait fait à sa vie une sorte de décor chinois auquel semblaient vraiment destinés de toute éternité les jolis objets amoureusement choisis chez Mme Langweil, et ceux qu'après elle y a ajoutés son mari ne rompent pas la parfaite unité de ce pittoresque ensemble. Uniquement chinois aussi est M. Michel Calmann, et même avec intransigeance — ne serait-ce pas lui qui parlait un jour de « l'infâme Japon » ? — tout à l'opposé d'ailleurs de Mme Girod, puisque c'est dans une chambre nue qu'il a installé ses céramiques et qu'il a eu soin de les choisir parmi les plus austères, parmi les plus dignes de plaire à un mandarin de grande tradition : et cela aussi est bien ainsi. Et j'en viens à Jean Sauphar et à M. David Weill..... Jean Sauphar, qu'un déplorable accident de montagne nous a enlevé l'an passé, était le plus jeune d'entre nous, mais élevé parmi les admirables tableaux modernes de sa mère — toujours l'alliance de notre art français du XIXe siècle et l'Orient —, il est entré dans la carrière sans tâtonnements, son goût déjà formé, et ce goût le portait délibérément vers la Chine. Des œuvres magnifiques des hautes époques classiques ornaient son studio de l'avenue Henri-Martin, sculptures, bronzes, poteries, et il n'avait pas pensé leur faire tort en introduisant auprès un peu de grec ; les chefs-d'œuvre toujours se font valoir les uns les autres. Ce qui cependant caractérisait la collection, c'est l'abondance des monuments de cet art qui, dès avant l'ère chrétienne, était éclos entre le nord de la Chine, la Mongolie, la Sibérie et la Russie de l'Est et des environs de la mer Noire ; il y a peu d'années seulement que ces ouvrages, qu'on désigne souvent du nom trop particulier de scythes, sont arrivés sur le marché ; Sauphar — comme H. Rivière — en avait aussitôt compris l'intérêt et la collection qu'il en avait formée était remarquable.

Pour M. David Weill, sans doute est-il

le dernier venu à l'Extrême-Orient, à la Chine, mais avec quelle ardeur il rattrape le temps perdu ! Lui aussi, comme J. Doucet, avait commencé par le XVIIIe siècle, et il m'en voudrait si je soupçonnais qu'il ne l'aime plus toujours, tableaux, dessins, meubles, argenterie, de la même dévotion ; les salons de l'hôtel de Neuilly témoigneraient certes du contraire. Cependant deux cabinets se sont ouverts depuis quelques années — toujours la même association — à l'art moderne et à la Chine, et dès maintenant la collection chinoise, formée à Paris, à Londres et à New-York, est parmi les plus riches du monde : peintures au mur, céramiques et orfèvreries dans les vitrines, bronzes sur les tables, sculptures, rien n'y manque ; entre tous ces chefs-d'œuvre, certaine biche en argent plaqué sur fond d'or est célèbre parmi les collectionneurs. Mais peut-être ce qui aujourd'hui touche le plus l'amateur, ce sont ces mêmes objets de l'Asie Centrale, Chine du Nord et Sibérie, déjà entrevus chez Sauphar ; il n'en apparaît pas un en Europe qu'on ne le lui apporte et chaque semaine quelque nouvelle trouvaille enrichit des séries uniques pour l'étude des délicats problèmes de l'art du temps des grandes migrations. Documents scientifiques et œuvres d'art trouvent harmonieusement leur place côte à côte, en attendant le catalogue monumental que leur consacrera G.-H. Rivière, et c'est avec une modestie charmante que le maître de maison se plaît à en faire les honneurs aux amis et aux érudits auxquels il ouvre sa porte. Amis nombreux, si l'on doit compter parmi eux tous ceux qu'il a obligés, car nul ne recherche plus infatigablement que lui l'occasion d'être utile ; nos grandes institutions d'état, telle la Cité Universitaire, le savent bien, et de même nos musées, le Louvre surtout, à qui il vient constamment en aide et à qui, ce n'est pas une indiscrétion que de le révéler, il réserve la dîme de ses trésors.

La plupart de ces collections, si unes dans leur diversité, se sont trouvées réunies quelques semaines rue de la Ville-l'Évêque en mai 1925 ; ainsi que nous avions fait naguère au Pavillon de Marsan la revue de l'art japonais, M. Vignier prétendit passer l'inspection des collections chinoises, et le public sut leur rendre justice. Mais les deux expositions différèrent en un point : celles du Musée des Arts Décoratifs avaient été strictement parisiennes ; l'étranger apporta au contraire un large concours à la seconde de ces manifestations. Le japonisme, en effet, né à Paris, s'y était développé, et les étrangers n'avaient fait à peu près que suivre le mouvement ; ç'avait été un produit essentiellement de chez nous. Le goût chinois, lui, fut tout de suite international. Les raisons en sont assez complexes et je ne chercherai pas à les démêler ; il faut noter pourtant le grand courant qui avait porté aux environs de 1900 les missionnaires scientifiques de tous les pays à la découverte de l'art chinois des hautes époques. Les nôtres y prirent une belle part ; Édouard Chavannes fut parmi les premiers ; ses travaux sur la sculpture chinoise demeurent classiques, et Paul Pelliot, sans oublier le commandant Lartigue, reste son glorieux successeur ; en Angleterre, ce fut sir Aurel Stein ; en Allemagne, Grunwedel et von Le Coq ; plus tard, en Suède, Siren, Arne et Andersson ; Umehara, au Japon, et Kozlof, en Russie. Leurs découvertes firent grand bruit ; curieux des civilisations ainsi révélées, des écrivains comme E. Hovelacque, puis A. Bonnard, partirent, et rapportèrent de

Chine des livres enthousiastes ; tous les amateurs les lurent ; l'admiration engendra le désir de possession, et comme les marchands chinois sont toujours à l'affût, partout ce désir put être satisfait. De grandes collections se formèrent ainsi de toutes parts, dont nos marchands parisiens se gardèrent d'ailleurs de se désintéresser ; c'est à celles auxquelles ils avaient collaboré que de larges emprunts furent faits en 1925.

Les Anglais ne s'étaient d'abord laissé toucher qu'à demi par le Japon, et l'activité de la « Japan Society », les efforts d'érudits tels que Brinkley et Chamberlain, ne les avaient guère convaincus. Les collections japonaises du Victoria and Albert Museum, la constatation n'en est que trop aisée, sont plus nombreuses que persuasives, et quand sir Sidney Colvin, sous l'influence de son collaborateur et ami L. Binyon, qui allait s'en faire l'historien, eut compris que l'estampe devait entrer au British Museum, sa seule ressource, l'ère des grandes ventes parisiennes étant close, fut d'acheter en bloc l'une des rares collections anglaises existantes, celle de Morrison; elle était fort bonne et, renforcée d'acquisitions subséquentes, forme aujourd'hui un ensemble admirable. On procéda de même, mais moins heureusement peut-être, pour la peinture, le noyau des collections du musée ayant été celle d'une certaine Mme Wegener, de Berlin. Quant aux amateurs d'objets d'art japonais, je les ai peu connus, sauf Mr. Behrens, et Mr. Raphael que nous retrouverons. La Chine, au contraire, séduisit tout de suite l'Angleterre; dès longtemps, il est vrai, les « bleus » y étaient en vogue; la passion que Whistler ressentait pour eux est bien connue, et l'on n'eut qu'à remonter le cours des siècles pour en venir aux céramiques et aux bronzes archaïques ; c'est ce qu'avaient su faire dès le début quelques hommes de goût, dont j'ai vu jadis les collections exposées au Victoria and Albert Museum, les Alexander, les Benson, auxquels on ne saurait ne pas joindre Franks, l'un des grands bienfaiteurs du British Museum. Une seconde génération profita de leurs expériences, éclairée par les travaux de Mr. Ashton et surtout par l'érudition du spécialiste qu'est Mr. Hobson, à qui le British Museum doit sa belle série de poteries, et la maison Yamanaka, de Bond Street, s'en fit l'ingénieux fournisseur ; l'on ne saurait rien voir de plus délicatement choisi que les collections de MM. Oscar Raphael, Oppenheim, Schiller et Rutherstone. Cependant le roi des collectionneurs anglais est sans conteste Mr. George Eumorfopoulos. L'Orient musulman l'avait un moment charmé ; la Chine toutefois le conquit vite, et un ensemble tel que celui qu'il a réuni dans sa maison de Chelsea, sur la Tamise, n'a nulle part son pareil. Musée d'ailleurs autant que collection privée ; un amateur en effet s'en tient pour l'ordinaire aux pièces qui lui plaisent, — et Dieu sait si, parmi les jades, les sculptures et les bronzes, Mr. Eumorfopoulos en a trouvé à son goût ! Mais, pour la céramique antérieure aux Ming, il en a voulu véritablement faire l'histoire ; toutes les séries y sont à peu près complètes et en des exemplaires incomparables. Le catalogue qu'en a dressé Mr. Hobson, — celui des bronzes est dû à Mr. Yetts, — demeurera l'ouvrage fondamental sur la matière. Et quel accueil dans cette maison ! Mr. Eumorfopoulos se garde d'ailleurs d'être un amateur jaloux — de quoi le serait-il, il est vrai ? — ; les collections d'autrui, si modestes soient-elles, l'intéressent aussi, et il étend sa sollicitude aux musées : le British Museum lui doit la série de fresques que l'érudition de L. Binyon a été chargée de présenter au public, en même temps qu'Athènes, sa patrie d'origine, recevait des doubles de ses poteries.

L'autre grande collection de l'étranger est celle de M. Stoclet à Bruxelles, admirable aussi sans doute, mais combien différente ! Autant Mr. Eumorfopoulos s'est spécialisé, autant M. Stoclet se plaît à se disperser ; toutes les civilisations sont représentées chez lui, la Chaldée, l'Égypte, Byzance, le Moyen-Age, les Khmers, l'Islam, la Renaissance italienne, l'Amérique précolombienne, et de chacune il a ramassé des chefs-d'œuvre, groupés dans la plus moderne des demeures et qui semblent se faire valoir les uns les autres ; le Japon — car il ne le dédaigne pas — et la Chine n'y occupent qu'une place, mais elle est d'importance, et des pièces capitales les représentent, tels les magnifiques bronzes de l'époque des migrations et le grand dragon, célèbre sitôt qu'aperçu à Paris en 1925. Une visite chez M. Stoclet semble une promenade à travers les siècles et les continents, et ce voyage est un enchantement. Il était difficile de rivaliser avec lui et, pour l'Extrême-Orient, je ne sache personne à Bruxelles qui l'ait tenté ; le Japon seulement est représenté au Musée du Cinquantenaire par une importante série d'estampes, réunie jadis par M. Michotte. En Hollande, pays depuis des siècles en rapports avec l'Extrême-Orient, les amateurs, au contraire, sont nombreux, mais s'ils ont formé, comme M. Westendorp à Amsterdam, des collections parfaitement choisies (n'oublions pas les tchaïrés de M. Bosch-Reitz à Laren et quelques œuvres raffinées chez M. Visser, érudit autant que collectionneur), ils s'en sont tenus à l'exquis — leur belle exposition de 1925 l'a bien prouvé —, sans songer jamais à faire la série. Leur activité cependant est fort éveillée; ils ont créé une importante *Société des Arts de l'Asie*; déjà un remarquable petit musée s'est fondé à Amsterdam, grâce surtout à MM. Westendorp, Heldring, Visser et Roorda, en face, peut-on dire, de celui qu'anime excellemment M. Gallois à la Haye (Leyde, si riche en œuvres de Java, semble un peu ankylosé), et l'on doit prévoir que la Hollande, en fait d'Extrême-Orient, n'a pas dit son dernier mot.

Pour l'Allemagne, je ne l'avais pas visitée depuis quinze ans, quand l'exposition chinoise de 1929, à la Pariser Platz, m'a ramené à Berlin. Dès les débuts du japonisme, je l'ai dit, les conservateurs des musées allemands s'y étaient intéressés et on les voyait aux ventes parisiennes, entraînés par le professeur Brinckmann, qui exerçait sur eux comme une fascination. J'aurais volontiers revu les collections qu'ils avaient ainsi formées, à Crefeld, à Fribourg, à Leipzig, à Cologne, à Hambourg surtout, domaine propre de Brinckmann ; au cas même où elles ne se seraient pas développées, elles restent comme un témoignage de notre goût il y a vingt-cinq ans ; je n'ai malheureusement pas eu le loisir de retourner dans ces musées, pas plus que chez les amateurs d'autrefois ; beaucoup de ces derniers sont d'ailleurs disparus ou ont vendu leurs collections ; mais on me dit que celle du professeur Oeder est toujours dans la jolie maison de Dusseldorf, sur les promenades plantées par Napoléon, où l'accueil était d'une bonne grâce si courtoise, et de celle-là je suis sûr ; les céramiques, les laques, les gardes de sabre, sont excellentes et ne sauraient se démoder. Aussi bien, le Musée de Berlin suffit-il pour constater la belle floraison d'art d'Extrême-Orient éclose en Allemagne. C'est naturellement par le Japon que Berlin avait commencé jadis ; le Kunstgewerbe Museum s'était tenu longtemps assez à l'écart, sauf pour l'estampe dont mon vieil ami le professeur Jessen avait formé à la Bibliothèque une jolie série, quand Bode, qu'on trouve à l'origine de toutes les initiatives utiles, ayant visité à Fribourg la collection formée par Grosse, s'enthousiasma ; il facilita une mission au Japon de Grosse et y envoya, muni de suffisants crédits, un jeune attaché, le Dr Kümmel. En quelques années, de très belles choses furent acquises et on les vit pour la première fois, mêlées à celles des amateurs, à une exposition organisée par M. Kümmel, en 1910, à l'Académie. L'effet en fut grand, et, comme dès lors les extraordinaires fresques rapportées de Tourfan par la mission von Le Coq étaient arrivées, l'idée naquit de fonder à Berlin un musée asiatique, où seraient réunies toutes les séries musulmanes, japonaises et chinoises ; Bode travailla de toute son énergie à la réaliser, toutefois la guerre qui survint suspendit les travaux déjà commencés et ils ne purent être repris. Ce n'est pourtant pas que le mouvement qui entraînait musée et collectionneurs fût arrêté ; il allait même s'élargir, car la Chine, qu'ils avaient envisagée d'abord avec quelque défiance, ne tardait pas a se révéler à eux aussi brillamment que le Japon ; l'exposition de 1929 lui fut exclusivement consacrée et, en face des trésors que l'étranger avait envoyés, elle montrait des chefs-d'œuvre réunis par des mains allemandes. La sélection sévère faite par le Dr Kümmel parmi les objets que lui avaient proposés les amateurs ne permettait peut-être de se faire qu'une idée assez approximative de la valeur réelle de leurs collections, où cependant les séries du baron von der Heydt doivent être particulièrement distinguées; en tout cas dans l'ensemble très remarquable, le musée tenait la place d'honneur. Quand, de l'Académie où le Dr Kümmel, aidé de son adjoint, le Dr Reidemeister, avait installé l'exposition chinoise, on passait au Voelkerkunde Museum, dont les fresques de Tourfan occupent une vingtaine de salles, et avec qui voisinent les chambres un peu parcimonieusement réservées au Japon et à la Chine, l'impression était extrêmement forte et l'on ne pouvait ne pas admirer le magnifique effort donné par le Musée. Les amateurs l'y ont d'ailleurs considérablement aidé, puisque les collections Jacoby et du professeur Grosse qui s'y sont adjointes, avec leurs peintures, leurs laques, leurs gardes de sabre, leurs bronzes, en constituent l'une des principales richesses. Et l'exemple donné par Berlin semble suivi, puisque déjà Cologne possède son Musée Extrême-Oriental, fondé par M. et Mme Fischer et présentement dirigé par le Dr Salmony ; que Munich y vient aussi, et de même Vienne, dit-on. Au reste, la meilleure preuve de l'intérêt pris par l'Allemagne aux arts d'Asie est donnée par la quantité presque incroyable de travaux que les érudits allemands leur consacrent et aussi par l'importance qu'a prise la *Gesellschafft für Ostasiatische Kunst*; fondée il y a peu d'années, elle compte aujourd'hui plus de 1.200 membres ; de nombreuses filiales s'y sont rattachées et la publication qui lui sert de bulletin, l'*Ostasiatische Zeitschrift*, est devenue l'une des plus importantes de l'Europe. Le Dr Kümmel a été le grand animateur de tout cela ; il a trouvé sa récompense dans le succès de son œuvre, et le Reich a tenu à le reconnaître en instituant pour lui une chaire à l'Université de Berlin.

La curiosité des choses de l'Asie ne semblait pas très vive en Italie jusqu'à ces dernières années, et l'on n'y connaissait guère qu'une collection japonaise, léguée à la ville de Gênes, et qui est assez mélangée; mais depuis la guerre un amateur de Turin, M. Gualino, a acheté à grands frais, chez les marchands de Paris surtout, des œuvres de l'ancienne Chine que l'on dit de première qualité et qui formeront le noyau d'un musée admirable. Ce serait le seul, si l'on ne comptait pas parmi les collections italiennes celles qu'a rassemblées à Florence, dans sa merveilleuse villa de Settignano, le célèbre critique américain Bernard Berenson; quelques peintures chinoises y voisinent avec les chefs-d'œuvre de l'art italien, mais quelles peintures, et comme elles soutiennent, ainsi que les objets de M. Stoclet à Bruxelles, un aussi dangereux voisinage! De même la Suisse s'était réservée et, parmi les grands amateurs qui ont réuni depuis quinze ans des collections de peinture française moderne égales aux plus belles d'Angleterre et des pays scandinaves, pas un sans doute n'avait jeté un regard vers l'Asie, quand un hollandais établi à Baden, M. Menten, en fut soudain séduit ; il sut en peu d'années, client favori de M. Wannieck, dit-on, réunir une série de figures de céramique chinoise des hautes époques et de bronzes archaïques que l'on compare aux meilleurs d'Amérique. La Suède aussi est venue tard à la Chine, mais elle rattrape allègrement le temps perdu. Le professeur Andersson ayant pratiqué en Chine des fouilles qui mirent au jour des vases préhistoriques remarquables et d'un type inconnu, les problèmes nouveaux qu'ils soulèvent intéressèrent le Prince Royal, depuis longtemps préoccupé par l'Extrême-Orient, et, grâce à lui, un musée fut créé où ces vases prirent place ; une partie de la belle collection Siren, quelque temps exposée à Paris, s'y adjoignit bientôt; d'autres se formèrent, comme celle de la comtesse de Hallwyl, de telle sorte que Stockholm est devenu aujourd'hui un des centres de l'art asiatique en Europe. Pour la Russie, je n'en saurais parler ; lorsqu'il y a vingt ans je passai quelques jours à Saint-Pétersbourg, mon attention n'était pas attirée encore sur ces objets sibériens et scythes dont une incomparable collection a été réunie à l'Ermitage et qui s'accroît constamment : les fouilles du colonel Kozlof en Mongolie se sont révélées capitales ces dernières années, et l'on peut compter, pour les mettre en valeur, sur le conservateur, M. Borovka.

Quant à l'Amérique enfin, j'ai le regret de ne la point connaître, et c'est un des plus profonds de ma vie de collectionneur; mais il n'est plus temps; la vieillesse casanière est là. Heureusement quelques-uns des amateurs des États-Unis sont venus à nous. J'ai été l'ami de Freer, qui avait réuni dans sa maison de Détroit les collections qu'avec passion il recueillait en Chine, au Japon, en Égypte, à Paris, et que les grands marchands de New-York augmentaient sans cesse; sa sensibilité était infiniment délicate, très haute sa culture, et je l'ai toujours admiré comme le type même de l'« homme civilisé », de ce qu'on nommait autrefois l'honnête homme; il a laissé sa collection à son pays, au Smithsonian Institute de Washington. Mrs. A. E. Meyer, qu'il a choisie pour un des trustees de son musée, mérite cet honneur par son goût; les peintures et les bronzes qu'elle a rassemblés sont célèbres, et, dans une demeure consacrée aussi à l'art français moderne, ce doit être un plaisir d'en jouir en compagnie de cette aimable femme. Mr. Mansfield, dans une courte visite, m'a charmé par son enthousiasme et son eclectisme ; Mr. Peters, le frère de Mrs. Havemeyer, a bien voulu, en regardant mes céramiques, me déclarer que décidément nous avions « les mêmes vices » et étions faits pour nous entendre, mais il est mort avant que cette identité ait pu être par moi dûment constatée ; pour Mr. Ledoux, il aurait pu tenir le même langage, seulement ce qui nous rapproche, ce sont les estampes dont, à en juger par les catalogues, il possède une merveilleuse collection, et il les apprécie en poète, car cet homme d'affaires en est un et il a écrit une fort belle tragédie antique. Les autres amateurs d'Amérique ne sont pour moi que des noms, mais je sais leur activité et surtout celle de leurs musées. Tous ont fondé d'importants départements d'Extrême-Orient, le Metropolitan Museum de New-

York, où mon ami Bosch-Reitz a laissé si utilement sa marque ; celui de Boston, héritier de quelques-unes des plus importantes collections d'Amérique et dont les richesses sont célèbres depuis longtemps : Fenellosa et Okakura ont été ses organisateurs, c'est tout dire ; Cleveland, Providence, où les musées à peine nés se sont ouverts à la Chine ; Philadelphie, qui lui a bâti un palais magnifiquement garni déjà et où se publie le premier recueil scientifique consacré en Amérique aux arts de l'Asie, *Eastern Art*. Tous ces établissements, ce sont les amateurs qui les ont fondés, qui les ont enrichis, ces amateurs américains à qui on ne s'adresse jamais en vain et qui ont à un si haut point conscience de leur devoir social.

Ce tableau, où je me suis complu, de l'activité des pays étrangers n'est pas pour rabaisser celle du nôtre, et, tout compte fait, on peut dire que lui aussi a bien travaillé. Le Louvre a été parmi les premiers musées à prendre intérêt à l'Extrême-Orient et il donnait vraiment l'exemple, quand M. Migeon, il y a trente-cinq ans, y faisait entrer, grâce aux libéralités des amateurs, les premières estampes japonaises ; depuis, ces libéralités ne se sont pas ralenties. La collection Grandidier est, pour la porcelaine, une des plus magnifiques qu'il y ait au monde ; nous pouvons être fiers des peintures rapportées par M. Pelliot, et des sculptures gréco-bouddhiques, fruit de la mission de M. Foucher, qui s'en est fait l'historien, et en vérité bien peu d'entre nous, en faisant leur testament, ont oublié le Musée. Les sculptures, les bronzes, le fameux éléphant cheou surtout, forment, avec les estampes japonaises, une importante partie du legs Isaac de Camondo ; grâce à Gonse et aux siens, de belles peintures sont venues, dont le paravent aux deux grues d'Okio ; à Georges Marteau, outre des gardes de sabre, des inrôs et des bronzes, on doit un excellent paravent à fleurs de l'école d'Osaka ; à Joly de Morey un autre paravent de Shunyei, et M. Vever a donné avec réserve d'usufruit celui de Hoksaï, qui est une des gloires de sa collection ; qui ne connait le portrait de prêtre, don de Mme Gillot ? et les noms de Bing, de Curtis, de Mutiaux, de Cosson, de Rouart, de Garié, de Mme Langweil, de Vignier, de J. Doucet reviennent constamment sur les étiquettes, celui surtout de M. David-Weill, le plus généreux des mécènes ; sans lui, la collection ne serait pas ce qu'elle est. Et il s'en faut que, sur ses propres ressources, le Musée, aidé souvent par la Société des Amis du Louvre, n'ait pas profité des occasions dans les grandes ventes ; M. Migeon a su maintes fois fléchir le Conseil des Musées ; son enthousiasme est communicatif, et l'on ne pouvait rien refuser, dons ou crédits, à ce conservateur passionné de son œuvre et qui lui a consacré sa vie. Aujourd'hui que l'heure de la retraite a sonné, il ne l'a pas abandonnée, mettant par d'excellents albums la collection à la disposition de tous. Au reste son successeur poursuit cette œuvre ; M. Marquet de Vasselot a enrichi les séries orientales de maints beaux morceaux, et l'on peut lui faire confiance, ainsi qu'à M. Georges Salles, son collaborateur.

Le Musée des Arts Décoratifs, logé sous le même toit, a pour principe de ne pas aller sur les brisées du Louvre, et quelque fervent japonisant, et de la première heure, que soit son conservateur, M. Metman, il s'est tenu à ce principe ; ses collections d'Extrême-Orient, constituées par de seuls dons, ne sont qu'agréables. La Bibliothèque Nationale n'avait pas les mêmes raisons de s'abstenir, et, sous la direction de M. P.-A. Lemoisne, le Cabinet des Estampes a formé une collection d'estampes japonaises qui n'est pas à dédaigner, même après celle du Louvre ; l'acquisition de la bibliothèque de Th. Duret et le don de la bibliothèque Tronquois par M. Lebaudy l'enrichissaient en même temps de beaux livres japonais qu'on aurait peine à retrouver aujourd'hui. Mais, à côté du Louvre, les deux grands centres d'art de l'Extrême-Orient sont à Paris le musée Cernuschi et le musée Guimet. Quand l'hôtel Cernuschi eut été donné à la ville de Paris, il fallut procéder à l'épuration des collections chinoises qu'il contenait, rapportées un peu au hasard par Cernuschi de son long voyage de 1873 ; M. d'Ardenne de Tizac s'employa avec zèle à séparer le bon grain de l'ivraie ; il trouva des fonds d'acquisition au Conseil Municipal et de généreux donateurs dans le public ; le musée aujourd'hui a pris une face nouvelle. Ce qui en constitue l'un des plus notables intérêts, c'est ses expositions ; les Arts Décoratifs lui ont cédé l'Extrême-Orient et presque chaque année quelque nouvelle partie de l'art chinois est montrée aux érudits et au grand public, grâce aux prêts jamais refusés des amateurs de Paris et de l'étranger ; ces expositions font partie dorénavant de la vie artistique de la capitale. Pour le musée Guimet, lui aussi s'est transformé sous l'impulsion de MM. Moret, Hackin, Maître, Grousset et Stern ; fervent de l'histoire des religions de l'Asie, son fondateur s'était laissé déborder par un fâcheux bric-à-brac pieux ; cette végétation parasite a maintenant disparu en partie, et, en attendant que toutes les salles puissent être remaniées, le rez-de-chaussée a reçu les antiquités de l'Inde et du Cambodge, ces dernières ramenées du musée Delaporte au Trocadéro ; grâce à de genéreux subsides de M. Loo, de la baronne La Caze et de Mrs. Sachs, tout cela se trouve en pleine valeur. De même les collections rapportées par les missions Chavannes, Bacot, Ségalen, Gilbert de Voisins et Lartigue, y ont pris heureusement place, et celles qu'on doit aux missions en Afghanistan de MM. Foucher, Hackin, Godard et Barthoux en ont fait un centre unique en Europe pour l'étude de l'art gréco-bouddhique. Comme à Cernuschi chaque année ramène une exposition, chaque semaine Guimet s'ouvre pour une conférence; les plus illustres savants des deux mondes s'y sont fait entendre et ils ont aussi apporté leur contribution aux publications scientifiques du Musée, cependant qu'une société d'amis, présidée d'abord par M. Senart et aujourd'hui par M. David-Weill, lui accorde un concours dévoué en attendant qu'il puisse se faire très généreux. Avec le musée Guimet les rapports de la vieille et toujours jeune *Société Asiatique* sont constants et c'est lui qui a pris maintenant sous son égide la *Revue des Arts Asiatiques*, un peu vagabonde jusqu'ici et de direction incertaine, et qui ne manquera pas de gagner à une telle protection. Ces établissements, à qui on doit joindre le Collège de France et l'École des Hautes-Études où professent MM. Pelliot et Foucher, voire l'École du Louvre avec MM. Salles et Grousset, font honneur à notre pays, et, chose rare, Paris n'a pas un monopole. Lyon aussi est un centre d'études extrême-orientales et son musée a tenu à ne pas demeurer en reste : à côté de ses séries musulmanes, M. Focillon a placé la collection de grès coréens et japonais qu'il a acquise après la mort du bon amateur qu'avait été Raphaël Collin. Et il faut citer tout au moins l'École d'Extrême-Orient, qui poursuit à Hanoï et dans toute l'Indo-Chine, au Cambodge particulièrement, une œuvre admirable, étudiant les monuments, les dégageant et les conservant, sans oublier le jeune Institut français de Tokyo, dont on peut beaucoup attendre. Autant que ceux de l'étranger, nos amateurs français ont donc des occasions de former leur goût et de s'instruire, et certes ils en ont profité ; mais le terrain était bon, sur lequel la semence est tombée.

J'ai dit au début de ces souvenirs — je n'en croyais pas tant avoir dans la tête et beaucoup me sont revenus de bien loin en écrivant — quel avait été notre enthousiasme lors de la découverte du vrai Japon ; il nous a donné des joies inoubliables. Hélas ! de ceux à qui nous les devions et de ceux qui les partageaient, beaucoup ont disparu ; Hayashi est mort au Japon où il s'était retiré, Bing n'est plus et son fils, le charmant Marcel Bing, nous a quittés prématurément ; nous avons dit adieu à Gillot, à

Duret, à Brenot, à Camondo, à Marteau, à Guy de Cholet, à Tressan, à Cosson, à Mutiaux, à Gonse ; leurs collections, amoureusement réunies, ont presque toutes passé en d'autres mains, et je crains qu'une bonne part n'en soit pas restée en France; sûrement le japonisme aurait peine à tenir aujourd'hui à Paris les grandes assises que nous avions connues : les jeunes ne se sont pas assis à table à la place des vieux qui s'en allaient, et les anciens qui survivent restent seuls. Heureusement ces jeunes ont partagé avec nous le goût plus récent de la Chine ancienne et, non moins passionnés que nous, ils s'en sont approprié de leur mieux les trésors. Certes le champ était plus malaisé à cultiver; pour le Japon, nous étions d'abord presque entre nous; au partage de la Chine chacun s'est rué, et le dollar est entré en concurrence avec le franc; depuis la guerre et notre appauvrissement, nous ne pouvons plus retenir que quelques bribes de ce qui passe à Paris, demeuré malgré tout l'un des centres de la curiosité mondiale, et souvent nous avons le cœur gros à voir partir des chefs-d'œuvre qui ne reviendront jamais. Nous pouvons pourtant, je crois, nous rendre cette justice d'avoir en somme les uns et les autres rempli notre devoir d'amateurs ; les beaux objets qui se sont présentés, si nouveaux fussent-ils pour notre œil, nous n'y avons pas boudé; ils ont eu tout de suite droit de cité dans nos collections. C'était du Japon, c'était de Chine, de Sibérie ou du Cambodge, qu'arrivaient ceux que nous recherchions ; mais il en venait en même temps de Chaldée, d'Égypte, de la Grèce primitive, de l'Égée, de l'Islam, voire de l'Amérique précolombienne, presque simultanément dévoilés à nos yeux, et que nous savions aussi admirer.

Heureux, féconds enthousiasmes ! Aujourd'hui que les civilisations antiques ont livré beaucoup de leurs secrets, nos neveux peuvent-ils, dans un monde rapetissé, espérer de connaître d'aussi intenses émotions ? En vérité, nous avons été favorisés entre tant de générations de collectionneurs, et, quand l'heure viendra, nous devrons partir reconnaissants et sans amertume. Notre part a été belle.

Paris, septembre 1930.

Achevé d'imprimer sur les presses de l'Imprimerie Française et Orientale à Chalon-sur-Saône, le 4 octobre 1930. 24622

www.ingramcontent.com/pod-product-compliance
Ingram Content Group UK Ltd.
Pitfield, Milton Keynes, MK11 3LW, UK
UKHW020329180726
13839UKWH00002B/605

9 782329 177328